キャリア教育に活きる！

仕事ファイル

センパイに聞く

③

ファッション
の仕事

ファッションデザイナー
ファッションイベント
プロデューサー
カメラマン
ヘア＆メイクアップ
アーティスト
プレス
スタイリスト

③ ファッションの仕事

Contents

File No.13
ファッションデザイナー　04
小髙真理さん／malamute
<small>おだかまり／マラミュート</small>

File No.14
ファッションイベント
プロデューサー　10
池田友紀子さん／東京ガールズコレクション実行委員会　W TOKYO
<small>いけだゆきこ／ダブリュー トーキョー</small>

File No.15
カメラマン　16
小見山 峻さん
<small>こみやましゅん</small>

File No.16
ヘア＆メイクアップ
アーティスト　22
野口由佳さん
<small>のぐちゆか</small>

キャリア教育に活きる！ 仕事ファイル

File No.17
プレス ……… 28
仁八麻亜里さん／ストライプインターナショナル

File No.18
スタイリスト ……… 34
小山田早織さん

仕事のつながりがわかる
ファッションの仕事 関連マップ ……… 40

これからのキャリア教育に必要な視点 3
「なりたい自分」へ一歩をふみだす ……… 42

さくいん ……… 44

※この本に掲載している情報は、2017年4月現在のものです。

File No.13

ファッションデザイナー
Fashion Designer

マラミュート
malamute
小髙真理さん
30歳

着ることで幸せになれる。そんな理想の服をつくりたいんです

洋服のデザインをするのがファッションデザイナーの仕事です。どんなふうにしてデザインされるのでしょうか。女性向けのニット服ブランド、malamuteをつくった小髙真理さんにお話をうかがいました。

Illustratorというソフトで、ニット生地の柄をデザインする。手描きのスケッチを取りこんでデザインすることもある。

パソコンでつくった柄をプリントしたものと工場から届いた生地の試作品を比較。イメージした通りになっているか確認する。

できあがったニット生地を活かすように、デザイン画を描く。色は水彩色えんぴつで塗りながら決める。

服の試作品（左）。パーツごとに糸や編み方を変えるなど、細部にまでこだわりがある（下）。

Q ファッションデザイナーとはどんな仕事ですか？

わたしは、自分で立ちあげたmalamuteというニットブランドの服をつくっています。わたしの洋服づくりは、まずそのシーズンのテーマを決めます。花をひとつ選び、その花からイメージをふくらませます。次に、パソコンでニットの柄をデザインし、工場でニット生地をつくってもらいます。

ニット生地ができたら、デザイン画を描いて、洋服の形をデザインします。デザイン画と、寸法や糸の種類や編み方などの注文をまとめた「仕様書」を工場に送ると、洋服ができてきます。春夏と秋冬、年2回のシーズンに合わせて、毎回12〜15種類くらい服をつくります。ほかにも宣伝のための冊子（ファッションルック）をつくったり、百貨店などのバイヤーの方を呼んで展示会を開いたりもしています。

Q どんなところがやりがいなのですか？

わたしが心から「着たい！」と思え、わたしの大切な人にも着てほしいと思える服をつくれるところです。

今、わたしの着ている服はほとんどがmalamuteのものです。おしゃれと着心地のよさを両立させた、自分にとって理想の服をつくっています。だから、それが百貨店やセレクトショップのバイヤーに認められてお店で売られ、たくさんの女性に着てもらえるというのは本当に幸せです。

小髙さんの1日

- 08:00 起床
- 10:00 アトリエに出社。デザイン画を描いたり、使う生地の種類や色、寸法などを工場に指示する仕様書をつくったりする
- 13:30 ランチ
- 15:00 工場の人と電話で打ち合わせ
- 17:00 次のシーズンの服について、構想を練ったり、情報収集をしたりする
- 18:30 アトリエを出る

Q 仕事をする上で、大事にしていることは何ですか？

いちばん大事にしているのは、ニット生地や服をつくってくれる工場の職人さんとのコミュニケーションです。

工場は新潟県や山梨県にあるのですが、最初に生地やサンプルの生産を頼むときなどには工場を訪ね、直接職人さんと話しあいます。「こんな生地にしてください」と仕事をお願いしても、実現不可能なお願いだと「そんなことできないよ！」としかられてしまうこともあります。また、プロの職人さんならではのアドバイスをもらえることもあります。この意見交換の過程で、予想以上にすてきな生地が生まれることもあるので、面と向かって意見を交わしあうことはとても大切だと思っています。

職人さんの中には、大学院生時代から10年近くお世話になっている人もいます。ずっと見守っていてくれている、もうひとりのお父さんみたいな存在ですね。多くの人に支えられ、ここまでやってこられました。

Q なぜこの仕事をめざしたのですか？

じつはわたしはファッション雑誌の編集者志望だったのです。その情報収集のために読んでいた本で「編集者は服づくりがわかっていないと意味がない」という言葉に出会い、ショックを受けました。編集者になるために専門学校で服づくりを学ぼうと思ったのですが、大学進学が両親との約束だったので、服づくりが学べる大学に行きました。

大学でファッションデザイナーとパタンナーの両方の勉強をする中で「指示された服じゃなく、自分ならではの服づくりがしたい」という思いが生まれ、自分が本当にやりたいのはファッションデザイナーだと気づいたのです。そこで、自分のニットコレクションをつくるために大学院に行って専門的に学ぶことにしました。ニットを選んだのは、素材から独自性が出せることに可能性とおもしろさを感じたからです。

大学院を出たあとは、修業のためにニット製品をつくる会社に就職しました。そこで2年間ニット製品の企画から流通までの流れを学びつつ、夜は「ここのがっこう」という服飾の専門学校に通って技術を身につけ、人脈を築きました。念願の自分のブランドである「malamute」を立ちあげたのは2014-15年秋冬シーズンのことでした。

Q 今までにどんな仕事をしましたか？

malamuteを立ちあげてからは、シーズンごとに新作コレクションを発表しています。

malamuteは、毎回花をテーマにしてコレクションに統一感をもたせていますが、例えば、2016年の春夏コレクションはレモンの花がモチーフです。これは梶井基次郎の小説『檸檬』からヒントを得ました。また、2017年の春夏コレクションはアジサイをテーマフラワーにしているのですが、これは、映画『ベニスに死す』からインスピレーションを得ています。映画の中で避暑地・ベニスのラウンジに美しいアジサイがかざられています。そんな高級感のある服にしたいと思ったのです。

malamuteのファッションルック。2016春夏（左）はレモン、2016秋冬（下）はサザンカ、2017年春夏（上）はアジサイをテーマにした。

Q 仕事をする上で、むずかしいと感じる部分はどこですか？

どんな生地にしたいのか、どんな服にしたいのかということを職人さんに伝え、思い通りのものをつくってもらうことが、本当にむずかしいです。

わたしは大学院で、ニット工場が使う専門的なソフトの使い方を学びました。だから、機械でどんなニットがつくれるか理解しているつもりです。それでも、なかなか思い通りのニット生地はつくれません。とても苦労する部分ですが、その反面、生地にまでこだわれるというのは、ニットのファッションデザイナーならではの醍醐味でもありますね。

Q ふだんの生活で気をつけていることはありますか？

　新しいデザインを生みだすために、さまざまなものにふれることを心がけています。美術館に行ったり、映画を観たり、本を読んだり、人と会って話したり。

　本や映画は、何度も同じものにふれて、ひとつの世界を深くつきつめて理解していくのが好きですね。わたしの愛読書は『ガリバー旅行記』なのですが、このような名作といわれる本には、読むたびに理解が深まったり、想像力がかきたてられたりする要素がたくさんつまっています。それから、『Newton』など、科学系の本や雑誌もよく読みますよ。

　あとは、祖父母の家に行って民芸品に囲まれたり、自然豊かな場所に行ったりと、ホッとする時間も大事にしています。

　わたしが見聞きし、経験したことのすべてが、malamuteの世界観をつくる要素になっていくのだと思っています。

Q これからどんな仕事をしていきたいですか？

　いつか、malamuteの直営店をオープンできたらすてきだと思っています。そこでは、malamuteの全アイテムを実際に手にとって選べるようにするのはもちろん、オリジナルの食器など洋服以外のものもあつかってみたいです。

　malamuteは、まだ立ちあげて4年目のブランドで、これまでは世の中に知ってもらうことがひとつの目標でした。これからは、malamuteらしさを保ちつつ、新しいアイテムも提案していかなくてはなりません。デザイナーの先輩からは「ブランドが軌道に乗ったあとには、それを続けていく苦労もあるんだよ」というアドバイスを受けました。やるべきことは本当にたくさんあります。

　これからも自分の理想をかたちにしたmalamuteというブランドを大切に育てていきたいですね。

デザイン仕様書のファイル

糸の見本帳

水彩色えんぴつ

PICKUP ITEM

malamuteのすべてのデザインをまとめた仕様書のファイルは「命よりも大事なものです」と小髙さん。水彩色えんぴつとニット用の糸の見本帳は、色を考えるときに欠かせない。

ファッションデザイナーになるには……

　多くの人は、高校や大学を卒業後、服飾系の専門学校に進んで、デザインや型紙の起こし方、縫製などを総合的に学びます。そのあと、企業に入ってデザイナーとしての経験を積みます。企業から独立をして、自分のブランドをもつ人もいます。ファッションデザイナーになるのに必要な資格はありませんが、ファッションに関する検定がたくさんあるので、受けておくとよいでしょう。

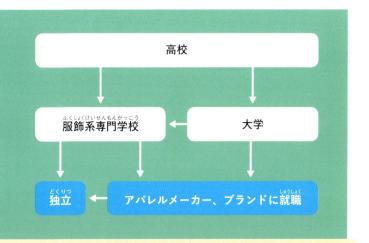

Q ファッションデザイナーになるにはどんな力が必要ですか?

大事なのは、自分の手を動かして何かをつくるのが好きだということ。それから「デザイナーになりたい!」という強い想いだと思います。手先が器用じゃないなど、不安はあるかもしれませんが、技術的なものはあとからついてきます。

服のデザインができたあとも、その服をつくってお店で売るまでには、たくさんの人の協力が必要です。宣伝や、ほかのブランドとどう差別化するか、どこに売りこむかなどはmalamute(マラミュート)では、プレスやセールス担当のみんなで会議を定期的に開き、決定していきます。だから、大事なのは、感謝の気持ちを忘れずに、よい人間関係をつくっていこうという姿勢だと思います。

「むずかしい科学の専門書も、その考え方がデザインのヒントになったりします」

ポケットなどのパーツを手編みで試作することも。編み棒の中には中学時代に買って、今でも使っているものもある。

小髙さんの夢ルート

- **小学校・中学校 ▶ 花屋さん**
  将来についてはあまり考えていなかった。ばくぜんと友だちがなりたいという花屋さんにあこがれたりした。ファッション雑誌を読むのはこのころから大好きだった。

- **高校 ▶ ファッション雑誌の編集者**
  大好きなファッション雑誌をつくる人になりたいと思った。そのために読んだ本の内容がきっかけになり、家政学部へ進学。

- **大学 ▶ 編集者→ファッションデザイナー**
  服づくりを学ぶ中で、デザイナーをめざすように。

Q 中学生のとき、どんな子どもでしたか?

たくさんの友だちにめぐまれて、部活に、生徒会活動にと、活発に楽しく過ごしていました。

父が剣道の先生をしていることもあり、剣道部の部長としてがんばっていました。じつは剣道は、初段なんですよ。生徒会の書記もやっていたので、結構いそがしかったです。

勉強面では、読書が趣味だったこともあり国語が好きでした。それから、技術・家庭と美術は大得意でしたね。

中学時代には編みぐるみをつくることに熱中したり、日曜大工が趣味の父といっしょに、木のかけらでなぞの作品をつくって家の庭に置いたりしていました。

ファッションにはそのころからとても興味がありましたね。じつは、高校を選ぶときの最大の決め手が制服だったんです。雑誌『Seventeen』の「カワイイ制服ランキング」にのっている高校に行ったんですよ。ふりかえってみると、子どものころからのさまざまな要素が、ぜんぶ今のわたしにつながっているような気がします。

中学時代の小髙さん(中央)。「かなりミーハーな中学生で、ファッション雑誌は毎号欠かさずチェックしていました」

Q 中学のときの職場体験は、どこにいきましたか？

わたしの通っていた中学校では、職場を見学させてもらい、そこで働く人にインタビューするということをしました。

ミーハーだったわたしは、当時はやっていたCMのキャラクターにひかれて、英会話学校にしました。そこで外国人の先生に日本語と片言の英語で話を聞いたのですが、「どういう人に教えていますか？」みたいな、ありきたりの質問しかできなかった記憶があります。

職場体験は、小学6年生のときに週3日で2週間の計6日間、近くの保育園のお手伝いに行きました。

Q 職場体験では、どんな印象をもちましたか？

保育園でのお手伝いは、子どもたちがかわいくて、いっしょに遊ぶのが楽しかったという印象でした。当時は小学生でしたし、まだまだ仕事という意識はなかったですね。

中学時代のインタビューは、たんに学校行事をこなしたという程度の印象しかないんです。一方で、音楽が好きで楽器づくりの工場に行った友人が、フルートをつくらせてもらったことをうれしそうに話してくれたのがうらやましかったです。同じことに参加するのでも、目的意識をもっていると、得られるものが全然ちがうんだと学びました。

Q この仕事をめざすなら、今、何をすればいいですか？

上手にできなくてもかまわないので、実際に自分で何かをつくってみましょう。編みものや縫いものじゃなくても、絵やデザイン画を描いてみるのもよいですね。

それと、人に伝えることがつねに求められる仕事です。伝える力を鍛えられるとよいです。ふだんの生活で、意識していくだけでも、ずいぶんちがうと思います。

あとは、ちょっとでも気になったことは、どんどん見て、聞いて、読んで。会いたいと思った人には会いに行って、積極的にいろいろな体験をしていってほしいと思います。

自分の中に蓄積したもののすべてが、デザイナーの仕事をしていく上での武器になるからです。

わたしの大切な人に着てほしいと思える服をつくっていきたい

- 今できること -

ふだんの暮らし

ファッションデザイナーには時代を先取りする力が必要です。ファッション以外にも興味を広げて、今何が流行しているのか、なぜ売れているのかなどを考えてみましょう。インターネット上の情報はもちろん、新聞やテレビのニュースをこまめにチェックしましょう。

また、ファッションデザイナーの仕事には、他の人との共同作業が多いもの。ふだんの生活から、友だちや先生と積極的にコミュニケーションをとるように意識しましょう。

 自分のアイデアを説明したり、つくった服の特徴やこだわりを言葉で表現したりする力が必要です。語彙力や表現力をつけましょう。

 裁縫の基本やミシンの使い方、繊維の性質など、洋服づくりに関する基礎的な内容を学ぶことができます。

 表現力や独創性はファッションデザイナーに不可欠なものです。さまざまな美術作品を観て、つくって、感性をみがいておきましょう。

 ファッションデザイナーの活躍の場は日本だけとは限りません。世界で活躍できるようなファッションデザイナーをめざすなら、英語力は必須です。

File No.14

ファッションイベント
プロデューサー
Fashion Event Producer

東京ガールズコレクション
実行委員会　W TOKYO
池田友紀子さん
入社7年目 30歳

日本のほこる
「カワイイ」文化を
世界中に広めたい！

ファッションショー、服やグッズの販売、ライブなどが組みあわさった、10代～20代の女の子のための史上最大級のファッションフェスタ「東京ガールズコレクション」。そのチーフプロデューサーをつとめる池田友紀子さんにお話をうかがいました。

Q ファッションイベントプロデューサーとはどんな仕事ですか？

わたしは東京ガールズコレクションのチーフプロデューサーとして、運営メンバーをまとめ、イベントの準備や運営の総指揮をしています。

東京ガールズコレクションは、日本の最先端の「カワイイ」ファッションを世界へ発信するイベントです。のべ6時間以上の長いイベントで、メインはモデルやタレントが多数出演する、はなやかなファッションショーです。

イベントを開催するには、まず、会場を確保したり、出演するモデルやタレントのスケジュールを押さえたりする必要があります。また、ショーには、毎回決まったテーマがあるので、ショーに参加してくれる約15〜20のファッションブランドと打ち合わせをして、テーマを表現できて、なおかつ服やグッズが魅力的に見えるような演出を決めていきます。

イベント当日は、美容やファッション、食品などの企業に協力してもらい、たくさんのお店が会場にならびます。こうしたショー以外の企画も、リーダーとしてまとめています。

「イベントの準備段階の打ち合わせでは細かな問題や課題もひとつひとつ、みんなで議論して解決します」

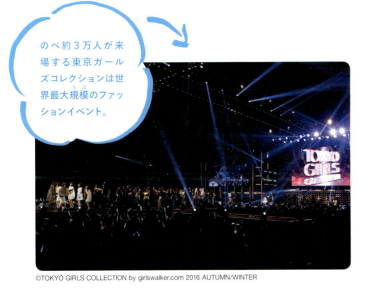
のべ約3万人が来場する東京ガールズコレクションは世界最大規模のファッションイベント。

©TOKYO GIRLS COLLECTION by girlswalker.com 2016 AUTUMN/WINTER

Q どんなところがやりがいなのですか？

毎回、ショーの演出には、たくさんのアイデアをつめこんでいます。自分が考えたことで、大勢のお客さんが熱狂しているのを見ると、とてもやりがいを感じますね。

日ごろから、ショーに反映できるアイデアはないかと、これから流行しそうなものにアンテナを張っています。そうして生まれたアイデアに反応があると、うれしいんです。

Q 仕事をする上で、大事にしていることは何ですか？

プロデューサーの仕事は、みんなが同じイメージを共有できるようにすることだと思っています。そのためには、コミュニケーションをしっかりと取ることが大事です。

社内のメンバーとはもちろんですが、東京ガールズコレクションは、ショーに参加してくれるブランドをはじめ、さまざまな人や企業と協力をしてイベントをつくりあげていきます。社外の人とは、仕事の進み具合をこまめに確認しあい、大事なことを決めるときには、必ず会って話をするようにしています。

そうすることで、全員が同じ成功のイメージをもち、ショーに臨むことができるんです。

池田さんの1日

08:00	入浴しながら、メールチェックと1日のスケジュール確認をする
10:00	出社後、社内で会議
11:00	企画書チェック、資料作成など
12:00	ランチミーティング
13:00	外部の企業と打ち合わせ
17:00	社内で会議
19:00	海外の企業と会食
22:00	退社後はジムでトレーニングしたり、ニュースをチェックしたりする

Q なぜこの仕事をめざしたのですか？

大好きな、日本の「カワイイ」文化を世界に広めたいと思ったからです。

じつは、大学を卒業して最初に入ったのは、フランスに本社がある化粧品の会社でした。もともとファッションやメイクが大好きで、人を美しくすることに興味があったからです。この会社での仕事を通じて、日本人の美やファッションへの意識は、世界的に見ても優れていると実感することができました。

その一方で、わたしが興味をもっているのはメイクだけでもファッションだけでもなく、日本の「カワイイ」文化全般なのだということに気づいたんです。

「だったら、若いうちから自分が本当にやりたいことにチャレンジしたい！」と考えて、東京ガールズコレクションを運営している、今の会社に転職しました。

Q 今までにどんな仕事をしましたか？

今つとめている会社では、ずっと東京ガールズコレクションに関する仕事をしてきました。年々、任せてもらえる仕事の範囲が広がってきています。

初めは、東京ガールズコレクションを通して、ファッションブランドの宣伝や、イベントに参加してくれる企業集めなどを担当しました。

それから、どんなタレントやモデルにショーへ出てもらうか考えるような、重要な仕事を任せてもらえるようになり、入社6年半をむかえたときから、東京ガールズコレクションのチーフプロデューサーになりました。今は、国内外のさまざまなイベントの総指揮をとっています。

Q 仕事をする上で、むずかしいと感じる部分はどこですか？

東京ガールズコレクションには、約1000人のスタッフが関わります。全員が納得できるイベントにするのは、とても大変です。

東京ガールズコレクションは、日本の「カワイイ」文化を発信するイベントとして、多くの一般企業のほかに、外務省や観光庁からも後援を受けています。ほかにも、ショーに参加してくれるファッションブランドやモデル、アーティストなど、いろいろな立場の人の力が結集してできあがっているんです。そして、どの人にもそれぞれの意見があります。

ときには、自分と正反対の意見が出ることもありますが、みんな「東京ガールズコレクションを成功させたい」という思いはいっしょです。なので、それぞれの人の思いをくみとって、よい着地点を見つけだせるよう努力しています。

イベントのパンフレットやグッズのデザインもチェック。ファッションが大好きな人たちが、わくわくするようなデザインをめざす。

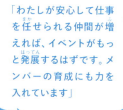

「わたしが安心して仕事を任せられる仲間が増えれば、イベントがもっと発展するはずです。メンバーの育成にも力を入れています」

2016年の秋に行われた東京ガールズコレクション。約6時間のショーに98人のモデルが登場。

©TOKYO GIRLS COLLECTION by girlswalker.com 2016 AUTUMN/WINTER

Q ふだんの生活で気をつけていることはありますか？

体調管理をしっかりすることと、時間をむだにしないこと、そして自分の世界を広げることの3つです。

この仕事は激務ですから、健康にはかなり気をつかっています。外出するときは必ずマスクをしていますし、からだに悪いものは飲んだり食べたりしないようにしています。ファッションに関わる仕事なので、美容にも気を配っていますね。

それから、限られた時間の中で、なるべく多くのことができるよう工夫しています。例えば、毎朝、湯船につかる時間を利用してメールチェックをしたり、ジムでからだをきたえながら、テレビで情報収集をしたりといったことです。

また、休みの日は、友だちと思いきり遊びます。いそがしくても、週に1回は美術館や舞台鑑賞、音楽のライブへ足を運びます。ついつい客層やグッズの売れ行きをチェックしてしまう、なんていうこともしばしばです。

- チームおそろいのペン
- 名刺入れ
- ノート
- スマートフォン

PICKUP ITEM

ペンやノートは書きやすさを追求。名刺入れは、海外の人と名刺交換をするときの印象を強くするために海外で大人気の東京ブランドのものを使っている。スマートフォンは、メールチェックやファッション情報の収集に大活躍。

スマートフォンでトレンドやニュースを検索。「10代20代の女の子たちの間で人気があることをきちんと知るのも大切な仕事です」

Q これからどんな仕事をしていきたいですか？

日本の「カワイイ」文化を世界中に広めるためにも、海外で開催される東京ガールズコレクションを盛りあげていきたいです。これまでに、パリやタイ、シンガポールなどで、定期的に東京ガールズコレクションに関連したイベントが開催されました。今後は、イベントを通して、海外の企業と協力する機会を増やし、日本の美容やファッション関係の企業が、海外へ進出できるようにしたいと考えています。それが、日本の文化を世界へ広める足がかりになるはずです。

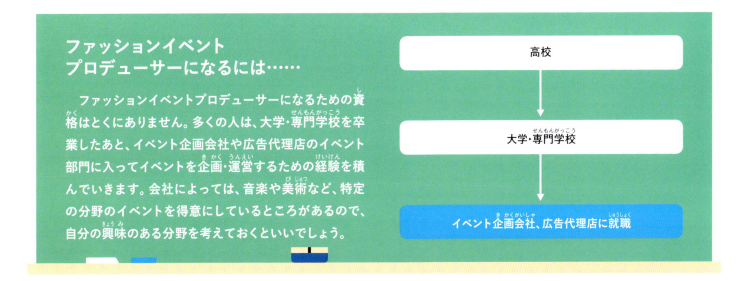

ファッションイベントプロデューサーになるには……

ファッションイベントプロデューサーになるための資格はとくにありません。多くの人は、大学・専門学校を卒業したあと、イベント企画会社や広告代理店のイベント部門に入ってイベントを企画・運営するための経験を積んでいきます。会社によっては、音楽や美術など、特定の分野のイベントを得意にしているところがあるので、自分の興味のある分野を考えておくといいでしょう。

高校
↓
大学・専門学校
↓
イベント企画会社、広告代理店に就職

Q ファッションイベントプロデューサーになるためにはどんな力が必要ですか？

困難があっても、最後までやりとげる強い気持ちです。

トラブルがあっても、絶対にイベントを成功させるのがわたしの仕事です。不安は、本番前にとことん考えてつぶし、成功をイメージできるようにします。

例えば、海外で東京ガールズコレクションを行ったときは、対応策が決まっていない問題について、本番当日の明け方までホテルでチームのみんなと議論を重ねました。そして、どう対応すればよいのか、完璧にシミュレーションできるようにしたんです。おかげで、イベントは大成功でした。どんなことが起きても対応できるように、万全の準備をしておくことが大切なんです。

海外の企業と協力して進めているプロジェクトもある。英語を使い、電話やメールで連絡を取りあうことも多い。

池田さんの夢ルート

- **小学校 ▶ バレリーナ、画家、ピアニスト**

バレエやピアノを習っていたので、バレリーナやピアニスト、画家など、何かを表現する人になりたかった。

▼

- **中学校 ▶ 弁護士**

海外ドラマに影響されて、バリバリ働く女性にあこがれた。

▼

- **高校 ▶ 国際機関の仕事、ファッション雑誌の編集者、ファッションデザイナー**

興味の範囲がさまざまに広がった。進路を決めるときには、国際機関で働く女性を数多く出している大学を選んだ。

▼

- **大学 ▶ 世界的な企業**

大学卒業後、世界的な化粧品メーカーに入社。そのあと、日本の「カワイイ」文化を広めたいと、現在の会社に転職した。

Q 中学生のとき、どんな子どもでしたか？

とにかく、おしゃれが大好きな子でした。おこづかいをためて、東京の原宿や渋谷でショッピングをするのが楽しみでした。古着屋さんで買ったジーンズをスカートにリメイクしたり、つけ爪にネイルアートしたものをつくってみたりもしましたね。毎日和服で生活する祖母と、ファッションが大好きな母の影響が大きかったと思います。

また、お芝居やミュージカルなどの舞台芸術や、SMAPや浜崎あゆみさんなどのライブもよく観にいきました。生のステージに中学時代にふれることができたのは、とてもぜいたくでありがたい経験だったと思っています。

あとは、日本人で初めて、国連の高等難民弁務官になった緒方貞子さんにとてもあこがれました。緒方さんのように、国際的にバリバリ働ける女性になりたいと思いましたね。

Q 中学のときの職場体験は、どこにいきましたか？

中学2年生のときに、友だちの実家が営む歯科医院で、2日間お手伝いをしました。

たしか、自分たちで体験先を探したのだと思うのですが、当時はとくに深く考えることもなく、たまたま友人のお父さんが開業していて声をかけてくれたので、そこで職場体験をさせてもらいました。受付をしたり、患者さんのカルテをたなの中から探したり、診察室でガーゼを切ったりと、いろいろお手伝いしたのを覚えています。

職場体験のようす。歯科医院の制服を着て、ガーゼを切る作業をしているところ。

Q この仕事をめざすなら、今、何をすればいいですか？

しっかり勉強をした上で、ひとりでもたくさんの友だちをつくり、思いっきり遊んでおいてほしいと思います。

中学時代の友だちは、社会に出て生きる上で、自分とはちがう考え方を見せてくれる貴重な存在になります。働きだすとどうしても、自分が働く業界の考え方に強い影響を受けますが、そんなとき、別の業界の友だちの意見は、とても参考になるからです。

それから、日本はこれから人口が減り、小さな国になっていくでしょう。すると、海外とやりとりをする機会も増えると思います。英語はまじめに勉強しておきましょう。

Q 職場体験では、どんな印象をもちましたか？

働くということには、想像以上にさまざまな気づかいが必要なのだということを感じました。

まず、病院は清潔が第一で、何度も手の消毒をしたことが印象に残っています。また、病院に来た患者さんに、気持ちよく帰っていただけるよう、患者さんの年齢に合わせて話し方を変えるなど、わたしなりに工夫をしました。患者さんにまた来ていただくためには、大切なことだと思ったからです。人とのコミュニケーションを大切にするということは、今の仕事でもやっていることですが、中学時代にそれを肌で感じられたのはとてもありがたかったですね。

イベントを通して、日本の企業が海外進出する手助けをしたい

− 今できること −

ふだんの暮らし

学校で文化祭などの行事が行われるときは、実行委員になって、積極的に関わってみましょう。まとめ役の委員長をはじめ、広報、会計など、さまざまな役割の人がどのように協力して準備を進めるといいのか、体験するチャンスです。また、仕事を引き受けたら、ほかの人たちと協力しながら、最後までやりぬきましょう。そのなかでつちかわれるチームワークやリーダーシップ、責任感は、ファッションイベントプロデューサーになるために、とても必要なものです。

国語 イベントの準備では、自分がもつ情報や考えを伝えて、まわりの人を引きこむ力が必要です。いろいろな文章にふれて、表現力や言葉のセンスをみがきましょう。

音楽 音楽は、イベントになくてはならないものです。いろいろな音楽を聴いて感性をみがいておくといいでしょう。

美術 ポスター製作や会場のデザインなどでは、美的センスが必要になります。いろいろな作品にふれたり、自分でも絵を描いたりして、センスをみがきましょう。

英語 海外のブランドや外国人デザイナーと交渉するとき、英語力は必要です。中学生からきちんと勉強しておけば、将来専門的に英語を学ぶとき、役に立ちます。

File No.15

カメラマン
Photographer

小見山 峻さん
28歳

写真は0.1秒の一瞬を切りとる。でも、ずっと人の記憶に残りつづけるんです

雑誌やWEBサイトで、最新のファッションに身をつつんだモデルを撮影し、モデルと洋服の魅力を最大限引きだすカメラマン。いったいどんな思いをこめてシャッターを切っているのでしょうか。小見山峻さんにお話をうかがいました。

Q カメラマンとはどんな仕事ですか？

カメラマンの仕事は、写真を撮影することです。多くのカメラマンは、報道や広告、ファッション、料理など、自分の得意なジャンルがあって、そのジャンルを専門に撮っています。ぼくの場合、今はファッション写真を中心に活動しています。

カメラマンの仕事には、撮影前の準備、当日の撮影、撮影後の作業という3つの段階があります。仕事の依頼を受けたら、前もって打ち合わせをして、どんな写真を撮るかを決め、ロケハン※などの準備をします。ファッション写真を撮るときは、モデル探しをすることもあります。

そして撮影日に写真を撮り、撮影終了後は、たくさん撮った写真の中からどれを使用するかを選び、Photoshopという専用のソフトを使ってパソコンで細かい仕上げ作業をします。作品が完成したら、依頼主にその写真のデータをわたします。

ぼくは、会社に所属しないでフリーで仕事をしていますが、カメラマンの中には会社やスタジオに所属している人もいます。

撮影には、モデルのほか、編集者、スタイリスト、ヘア＆メイクアップアーティストも同行する。

Q どんなところがやりがいなのですか？

自分の写真を世の中に出せることです。

自分の撮った写真がぼく自身の手をはなれて、雑誌やWEBサイトなど、いろいろなメディアを通じて人の目にふれるというのは、すごいことだと思うんです。写真は0.1秒の一瞬を切りとります。でも、その写真が心にひびけば、人の記憶に残りつづけるんです。そこにやりがいを感じます。

Q 仕事をする上で、大事にしていることは何ですか？

自分にしか撮れない写真を撮ることです。フリーのカメラマンは、ほかのだれともちがう個性をもつことが、とても大事ですから。ぼくは、人物を撮るときも、その人のまわりの風景ごと、風景写真のように撮ることを心がけています。

撮影では、当日になって衣装のサイズがモデルさんに合っていないとか、ロケ先で急に雪が降りだすとか、予測のつかないアクシデントが起こることがあります。もちろん十分に備えておくことが必要なのですが、そうしたアクシデントが起きても、ピンチをチャンスに変えて、おもしろい作品を生みだせるかどうかで、カメラマンの実力がわかります。

ほかの人でもできる仕事になっていないかをつねに注意して、「またこの人に仕事を頼みたい」と思ってもらえる写真を撮るように心がけています。

小見山さんの1日

- 06:30 車で出発
- 07:00 現地に集合。ロケ先で、1日中モデルの撮影
- 20:00 撮影終了
- 21:00 かたづけ終了
- 21:30 帰宅
- 22:00 機材のかたづけをする。パソコンへ写真データを取りこみ、取りこんだ写真の整理を行う

用語 ※ ロケハン ⇒ ロケーション・ハンティングの略で、撮影に適した場所を探すこと。

Q なぜこの仕事をめざしたのですか？

カメラがおもしろくて夢中になっているうちに、いつのまにか仕事になっていた感じですね。最初から「カメラマンになろう」と思っていたわけではないんです。

大学時代は、なりたい職業がとくになかったので、就職活動をしませんでした。それで卒業後、自分のやりたい仕事を探すことにしたんです。

そのころ、新しいことに取りくんでみようと思って、写真を撮りはじめたのですが、おもしろくてどんどんのめりこんでいきました。最初は、散歩やドライブをするときにカメラを持ちあるいて風景写真を撮っていたんです。

そのうちカメラのあつかいに慣れてくると、ストリートスナップ※をWEBサイトで紹介している会社に頼み、写真を撮らせてもらうことを思いつきました。ぼくはもともとファッションに興味があったんです。そこから、モデルさんと知りあって自分の作品を撮るようになり、アパレルメーカーに声をかけてもらって、プロとして仕事をするようになりました。

『Uni-Share』という雑誌に発表された小見山さんの作品『concrete moon』。モデルはうちだゆうほさん。

カメラのほかにも、いろいろな機材を運ぶことが多いカメラマンの仕事には、車が必需品。

Q 今までにどんな仕事をしましたか？

24歳のころから、アパレルメーカーのカタログ撮影や、雑誌のファッションページの撮影といった仕事をしていました。でも、「カメラで生きていこう」と決心したのは26歳になってからです。そのとき、知り合いに紹介してもらったカメラマンのもとに半年間弟子入りしました。その師匠は音楽写真が専門だったので、ライブハウスや大きなコンサート会場でミュージシャンを撮影する技術を学ぶことができました。独立してからは、雑誌やWEBにのるファッション写真を撮影しています。ミュージシャンのライブ風景を撮影する仕事もたまにやっていますね。

Q 仕事をする上で、むずかしいと感じる部分はどこですか？

仕事の依頼主の要望にきちんと応えることと、自分の個性を発揮することを両立させながら、仕事をするのはむずかしいです。

プロとしてお金をもらう以上、自分の撮りたい写真だけを撮っているようではだめで、依頼主が求めている内容に合った写真にしあげなくてはいけません。でも、それと同時に、ぼくにしか撮れない写真にしたい。そのかねあいの中で、いい写真を撮るのはなかなか大変ですね。

プロのカメラマンとして仕事を始めたばかりのころは、仕事の依頼があったら全部受けるようにしていましたが、今は自分の得意分野を優先しています。ぼくは屋外での撮影が好きで、そういう写真にこそ自分の持ち味が出ると思うんです。だから、自分の作風を活かせる仕事を増やしていきたいです。

用語 ※ストリートスナップ ⇒街で見かけた人の服装などを撮影した写真。

Q ふだんの生活で気をつけていることはありますか？

　仕事があるときとないときの切りかえを、はっきりさせるようにしています。仕事がないときは、ぼーっとしたり、ダラダラしたりしていますね。ロケハンや撮影ではすごく神経を使うので、休めるときにしっかり休んでおきたいんです。
　休みの日に、映画を観たり、知らない場所に出かけたりすることもあります。いろいろなものを見て、そのイメージを頭の中にインプットしておくためです。カメラマンの仕事は、アイデアをずっと出しつづける作業、つまりアウトプットの作業が多いので、なるべくアウトプットとインプットのバランスを取るようにしています。

Q これからどんな仕事をしていきたいですか？

　世界に出て、自分の写真で勝負したいです。ニューヨークやパリ、ロンドンなどは、芸術の上でも高く評価されていて、あらゆる分野の一流アーティストが集まっています。そういった都市で仕事をしてみたいし、そこで自分の写真がどう評価されるのか興味があります。
　ゆくゆくは、海外でも自分の作品を発表できるようになりたいですね。

• カメラ •

PICKUP ITEM

カメラやレンズによってちがいがあるので、小見山さんは、撮りたい写真によってカメラを使いわけている。所有するカメラは、フィルム用のカメラもふくめて30台にのぼるという。

「写真は目で観るものですが、においや音が聞こえてきそうなカットが撮れることがあります。そんなときは、いい写真が撮れたなと感じます」

カメラマンになるには……

　カメラマンになるために必要な資格はありませんが、それだけに、実力がすべてのきびしい世界です。
　多くの人は、まず新聞社や出版社に就職したり、プロのカメラマンのアシスタントをつとめたりして、経験を積み、技術をみがきます。また、就職する前に、大学や専門学校の写真学科で基礎的な知識と技術を学ぶこともできます。

```
高校
 ↓
大学・専門学校の写真学科で学ぶ
 ↓                    ↓
カメラマンの      新聞社・出版社の写真部や
アシスタントとして働く   写真スタジオに就職する
 ↓                    ↓
     カメラマンとして独立
```

19

散歩をするのが好きな小見山さん。「知らない駅で降りて、2〜3時間歩きまわることもあります」

Q カメラマンになるにはどんな力が必要ですか？

好奇心を絶やさないこと、これにつきると思います。写真には、撮影する人間がどんなことを目にし、感じてきたかが現れるからです。ぼくの場合は、昔観た映画のイメージが写真のもとになったり、ふらっと立ちよった場所でいいロケーションが見つかったりすることがよくあります。何も、すごくめずらしい体験をする必要はありません。とにかくいろんなことを見てみようという姿勢でいることが、その人にしか撮れない写真の材料になると思います。

小見山さんの夢ルート

小学校 ▶ 宇宙飛行士
映画「スターウォーズ」が大好きで、宇宙に行きたかった。

▼

中学校・高校 ▶ 映画監督 ▶ 建築士
初めは映画監督にあこがれたが、のちに建築士になりたいと思うようになる。何かを生みだして、それがずっと形として残るような仕事をしたかった。

▼

大学 ▶ カメラマン
親せきから公認会計士の仕事をすすめられていた。でも、クリエイティブな仕事をしたいと思い、就職を断念。カメラのおもしろさに夢中になる。

Q 中学生のとき、どんな子どもでしたか？

ぼくの実家は、祖父は税理士、おじは公認会計士という、企業の税金や財務をあつかうような仕事をしている家系なんです。とくに、おじには幼稚園のころから「将来は公認会計士になって、事務所を継いでくれよ」なんて言われていました。あのころは、まさか自分がカメラマンになるとは思いもしませんでしたね。

中学校は中高一貫の学校に通っていて、陸上部で短距離走をやっていました。あまり休まなかったのと、後輩の面倒見がよかったせいか、部長になり、部活に明けくれていました。

毎日の部活に加え、電車で1時間ほどかけて通学していたこともあり、休日はくたくたでした。だから、どこにも行かず、家でひたすら音楽を聴いたり、マンガを読んだり、映画を観たりしていましたね。

前列右が中学時代の小見山さん。陸上部のメンバーと。「中高一貫校だったので、部活に勉強に打ちこんで、のびのび過ごしていました」

陸上部の練習ではいていた、短距離走用のシューズ。ボロボロになるまで走りこんだ。

Q 中学のときの職場体験は、どこにいきましたか？

ぼくが通っていた学校では、3人ずつのグループで、岩手県の農家に3日間ホームステイする農業体験がありました。また、それとは別に、生徒の保護者が協力してくれて、みんなの前で自分のしている仕事について話をしてくれる特別授業もありました。

Q 職場体験では、どんな印象をもちましたか？

ぼくは住宅街に生まれ育ったので、まわりに畑がなく、親せきに農家もいませんでした。だから、農業体験はどちらかというと、キャンプに近い感じで楽しんだ記憶があります。

ぼくにとっては、保護者が自分の仕事の話をしている姿を見たことの方が印象に残りました。ぼくがかっこいいと思った人は建築家で、楽しそうに自分の仕事について話してくれました。スーツやネクタイをつけないで私服で仕事をする姿や、自分にしか表現できないことを活かして世の中に作品を残す建築家という職業にあこがれを感じました。

その影響で、それからしばらくの間は建築家になりたいと思っていましたね。ぼくがカメラマンになった原点には、このときに感じた「会社員ではない生き方へのあこがれ」があると思います。

Q この仕事をめざすなら、今、何をすればいいですか？

中学生の今から、いろいろなことを知って、自分の引き出しをたくさん増やしていくことが大切ではないでしょうか。カメラの技術を早く習得する必要はないと思います。

例えば昆虫が好きなら、図鑑を読んだり、野山に観察に出かけたりと、とことんつきつめるんです。興味の対象は何でもいいと思います。写真というのは、自分が見てきたものの豊かさが画面に直結する、ごまかしのきかない世界です。好奇心をつねにもちつづけて、自分が好きなことをどんどん深めていくことが、きっと将来につながると思います。

写真には、撮影者の見てきたこと、感じてきたことが現れる

- 今できること -

ふだんの暮らし

カメラマンになりたい人は、家にあるカメラなどで身近なものを撮影することから始めてみましょう。撮りたいものを画面の中にどうおさめれば、きれいな写真になるか、光の加減をどうするかなど、カメラマンの楽しさやむずかしさが見えてくるはずです。

ほとんどのカメラマンは、ファッション、広告、報道、スポーツ、動物、水中など、専門分野を中心に仕事をしています。いろいろなことにチャレンジして、自分が興味をもっている分野を探してみるといいでしょう。

 国語
プロとして仕事をするには、人の考えや気持ちをきちんとくみとったり、自分の考えを正確に伝えたりする必要があります。今から、読解力や表現力を身につけておきましょう。

 美術
いい写真を撮れるようになるには、人や物を画面の中にどう配置するか、どのような色にするかなどの芸術的なセンスが必要です。すぐれた絵画や写真、映画を鑑賞して、センスをみがいておくとよいでしょう。

 体育
重い機材を運んだり、暑い場所や寒い場所で長時間撮影したりするには、体力が必要です。運動をして体をきたえておきましょう。

File No.16

ヘア＆メイクアップ
アーティスト

Hair & Make-up Artist

野口由佳(のぐちゆか)さん
29歳(さい)

自分の技術(ぎじゅつ)で、服とモデルの魅力(みりょく)を引きだすのが仕事です

雑誌(ざっし)やテレビに出ている、モデルやタレントのヘアアレンジとメイクをするのが、ヘア＆メイクアップアーティストです。たくさんのファッション雑誌(ざっし)で、モデルのヘア＆メイクを担当(たんとう)している野口由佳(のぐちゆか)さんに、お話をうかがいました。

Q ヘア＆メイクアップアーティストとはどんな仕事ですか？

モデルや俳優、タレントなどの髪型を整えて（ヘアセッティング）、メイクをほどこす仕事です。

ヘア＆メイクアップアーティストが活躍する場所は、テレビ番組や映画、雑誌や広告などさまざまです。メディア以外では、結婚式場や写真館でもヘア＆メイクアップアーティストが働いています。わたしはおもに、ファッション雑誌でモデルのヘア＆メイクをしています。モデルが着る服に合わせた上で、なおかつその人の魅力を引きだすヘア＆メイクをするのがわたしたちの仕事なんですよ。

雑誌のメイクやヘアアレンジの特集で読者の参考になるように、わたしたちの技術を紹介することもあります。

Q どんなところがやりがいなのですか？

とにかく、あきることのない仕事ですね。

なぜかというと、自分のヘア＆メイクに対して、いつまでたっても「完璧だ！」と思うことがないからです。「今日は最高のヘア＆メイクができたぞ！」と思っても、撮影が終わってみたら「ちがう色のリップでもよかったんじゃないか」「髪型をもうちょっと工夫できたんじゃないか」と、どんどん欲が出てくるんです。そこが楽しいですね。

努力して自分の技術が上がっていけば、「さらにもう一段階、モデルの魅力を引きだせるんじゃないか」という気持ちが生まれるんです。そうやってつねに向上心をもって働けるのが、いちばんのやりがいです。

メイク（左）とヘアセッティング（右）のふたつの仕事をするのが、ヘア＆メイクアップアーティスト。モデルに指名されて、専属となることもある。

Q 仕事をする上で、大事にしていることは何ですか？

「この人になら肌をふれられてもいい」と思ってもらえるように、モデルとの信頼関係を築くことを大切にしています。たとえヘア＆メイクの技術が高くても、こちらのイライラが伝わるような態度をとったり、仕事が雑だったりすると、モデルは、目元をメイクされるだけでもこわいと思うんです。安心して身を任せてもらえるように、自分の状態によって、仕事にむらが出ないよう心がけています。

また、モデルが寒そうにしていたら毛布をかける、肌にふれるメイク道具は清潔にしておくといったことも、大切です。小さな積みかさねが、信頼関係につながると思うんです。

あと、メイク中の会話で、モデルがわたしの考えとちがう意見を言うこともあります。でも、自分の意見を押しつけず、相手の気持ちに寄りそって、受け答えするようにしています。

野口さんの1日

- 06:00 メイクスタジオに入る
- ▼
- 06:30 メイクを始める
- ▼
- 07:00 スタジオで撮影開始。撮影中もヘア＆メイクを直すために立ちあう
- ▼
- 12:00 ランチ
- ▼
- 13:00 ふたたび撮影。モデルの人数や、テーマに合わせて、何パターンもヘア＆メイクを行う
- ▼
- 16:00 撮影終了
- ▼
- 17:00 別のスタジオで撮影
- ▼
- 19:00 撮影終了

Q なぜこの仕事をめざしたのですか？

　この仕事に興味をもちはじめたのは早かったですね。わたしは4歳のころから20歳まで、モデルや女優の仕事をしていたので、ヘア＆メイクアップアーティストは身近な存在だったんです。でも、自分の仕事にしたいと意識するようになったのは、あるヘア＆メイクアップアーティストとの出会いがきっかけでした。

　わたしは中学生のころからひどいニキビに悩まされていて、絵の具のようなファンデーションで肌のおうとつをかくされることも多かったんです。それが、ある雑誌の撮影で、圧迫感のない自然なメイクで、おどろくほど肌をきれいに仕上げてもらったことがありました。まわりの人たちに大絶賛されて、メイクがもつ力に感動したんです。それからヘア＆メイクアップアーティストをめざすようになりました。じつは、そのときのヘア＆メイクアップアーティストがわたしをプロまで育ててくれた、今の師匠なんですよ。

Q 今までにどんな仕事をしましたか？

　プロのヘア＆メイクアップアーティストとしてデビューするために、まずは師匠のもとで、1年半のアシスタント修業をしました。雑誌の撮影現場についていき、全体の仕事の流れを覚えるんです。技術面だけでなく、モデルへのきめ細かい心配りや、編集者やスタッフたちとのコミュニケーションの取り方などもきびしく教わりました。

　肌にふれる筆やパフはいつも清潔に保ち、鏡もピカピカにするようにと徹底して言われていたので、撮影のあとは、いつも2時間かけてメイク道具を手入れしました。このとき身につけた習慣が、今の仕事にとても役立っていますね。

ネイルもヘア＆メイクアップアーティストの仕事。洋服や、メイクに合わせて色やデザインを決めていく。

Q 仕事をする上で、むずかしいと感じる部分はどこですか？

　失敗が許されないきびしい世界なので、生きのこっていくのが大変です。ほとんどのヘア＆メイクアップアーティストは、雑誌の編集者やモデルに指名されて仕事をしています。わたしは特定のファッション雑誌の専属ではないので、毎回ちがう編集者やスタッフといっしょに働き、そのつど結果を残さないといけません。失敗してしまうと、次から声をかけてもらえなくなるので、一瞬も気がぬけませんね。

　また、ファッション雑誌は、最先端の情報を流すメディアです。わたしたちヘア＆メイクアップアーティストも、つねに新しいヘア＆メイクを追求していかないと、すぐに時代おくれと言われてしまいます。どんなにハードな撮影が続いていても、メイクやファッションの勉強はおこたれないですね。

新しい仕事につなげるために「ブック」といわれる作品集を年に数回つくり、編集者やモデル事務所など関係者に見てもらう。

Q ふだんの生活で気をつけていることはありますか？

　体調管理は、徹底して行います。ヘア＆メイクアップアーティストは、すぐに代わりの人が見つけられるような仕事ではないので、体調をくずしても休むことはできません。だからといって、風邪をひいたまま仕事に行くと、スタジオやロケバスは密室なので、モデルにうつしてしまう可能性もあります。

　そうなると信用をなくしてしまうので、どんなにハードな撮影が続いても、健康を保ちつづける努力はおこたりません。夜遊びには出かけずに、我慢して早く寝ます。休日は野菜たっぷりの料理をつくって、栄養不足をおぎないます。胃腸炎になる恐れのあるカキなどは、ふだんから食べないようにして、リスクを自分から排除しているんですよ。

Q これからどんな仕事をしていきたいですか？

今でもたまに、雑誌でウェディング特集のヘア＆メイクをするんですが、いつかは本当の結婚式で、花嫁さんのヘア＆メイクをしてみたいです。結婚式はその人にとって、一生に一度の幸せな日ですよね。そんな忘れられない日のヘア＆メイクができるなんて、すてきだと思うんです。

あと、これはずっと先の目標なのですが、雑誌のお仕事は体力勝負なので、自分の限界までがんばったあとは、医療メイクにも挑戦したいと思っています。ニキビで悩んでいたとき、師匠のメイクでわたしが元気になったように、傷あとや皮膚のトラブルをかかえている人に、メイクで自信をもってもらいたいんです。

• ドライヤー •

撮影中、髪をなびかせるときは、充電式のドライヤーで風をふかせる。これもヘア＆メイクアップアーティストの仕事。

PICKUP ITEM

メイク道具の一部。ヘアアイロンは用途に合わせて3種類持っていく。ブラシもメイクする部分に合わせて使いわける。

• ヘアアイロン •

• ブラシ •

• メイクボックス •

ヘアアレンジとメイクの道具を一式そろえると、およそ30kgの荷物に。毎日これを持って撮影現場に向かう。

ヘア＆メイクアップアーティストになるには……

ヘア＆メイクアップアーティストをめざすには、高校や大学を卒業後、ヘア＆メイクの専門学校に通って技術を身につける必要があります。美容専門学校でもヘア＆メイクの技術が学べます。卒業後は、ヘア＆メイクアップアーティストに弟子入りして、雑誌やテレビの現場での技術を身につけたら、そのあと独立します。美容師の資格を取る必要はありません。

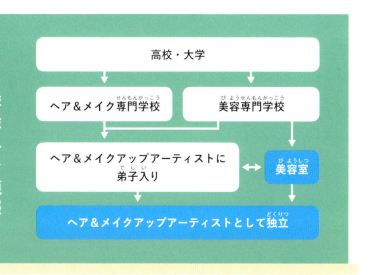

野口さんが小中学校時代から夢中になって読んでいた雑誌。「わたしの原点。いまだに捨てられずに取ってあります」

Q ヘア＆メイクアップアーティストになるにはどんな力が必要ですか？

　気持ちの切りかえが上手な人がいいですね。例えば、プライベートでいやなことがあって、イライラや不安をかかえたままモデルの肌にふれると、その気持ちが伝わってしまうんです。無意識のうちに、手つきが雑になったり、タッチが強くなったりしてしまうんですよ。

　撮影現場に入ったら自分のことはとりあえず忘れて、目の前にいるモデルのケアに集中しなければいけません。失敗をいつまでも引きずる人や、気分のむらが激しい人だと、モデルに反対に気をつかわせてしまいますよね。

Q 中学生のとき、どんな子どもでしたか？

　芸能界の仕事をしていたので、早退して帰ってしまうことがすごく多かったんです。わたしが帰るとき、仲のよい子たちが「がんばってね」と言ってくれていたのが記憶に残っています。おとなになって当時の親友に再会したとき、「本当はいつもさみしかったんだよ」と言われたんです。そんな気持ちをかくして、いつも明るく送りだしてくれていたなんて、みんな本当に優しかったんだと、改めて思いましたね。

　部活は、吹奏楽部に入っていました。サックスが吹きたかったんですけど、ほかにもやりたい子がいたので、あきらめて、だれもやりたがらないチューバをやることにしたんです。本当はメロディをかなでたいのに、低音しか吹けない3年間はつらかったですね。この経験から、自分が本当にやりたい事は、簡単にあきらめないと決めたんです。

野口さんの夢ルート

小学校 ▶ モデル・女優
4歳からモデルや女優として活動。自分の意志で始めたわけではなかったので、はっきりとした将来の夢ではなかった。

▼

中学校 ▶ ファッションデザイナー
ファッションに興味があった。小学校から手芸クラブに入っていたこともあり、ファッションデザイナーになりたかった。

▼

高校 ▶ ヘア＆メイクアップアーティスト
中学生のころからニキビに悩まされ、ヘア＆メイクに興味が出る。高校卒業後はヘア＆メイクアップアーティストの専門学校に進学した。

吹奏楽部で友だちにパートをゆずった未練から自分で買ったサックス。「どうしてもやりたいことはゆずっちゃダメなんだって学びました」

中学時代の野口さん（右から2番目）。雑誌『ピチレモン』の表紙をかざったことも。

Q 中学のときの職場体験は、どこに行きましたか？

うちの中学校では、職場体験の場所を自分で2か所選ぶことができたのですが、わたしはコンビニに3日間、保育園に2日間行きました。コンビニでは、店内のそうじや商品の陳列、レジでの会計もしました。商品の発注作業も任されたんですよ。このまま働けるんじゃないかと思うくらい、店長には責任ある仕事をさせてもらいました。保育園では年長のクラスを担当したのですが、おしゃべりな子や引っこみ思案の子など、個性があっておもしろかったですね。

Q 職場体験では、どんな印象をもちましたか？

小さいときから芸能界の仕事をしていたので、働くことが責任をともなうことだと知っていたつもりでしたが、実際にレジのお金をあつかったり、子どもたちの命を預かったりすることは、またちがう責任の重さがありましたね。注文の数やおつりをまちがったら店の損になってしまいます。

子どもたちだって、ひとりひとり性格がちがいます。ケンカをしていても、それぞれに言い分があるのかなと思うと、無理やりケンカをやめさせていいのか迷いました。おとなたちは、それぞれの場所で、責任や悩みをかかえながら働いているんだと気づきました。

Q この仕事をめざすなら、今、何をすればいいですか？

ヘアアレンジやメイクを、どんどん自分で試してみてください。お気に入りのモデルや俳優のヘアスタイルをまねするといいですよ。中学生にはまだ早いと怒られるかもしれませんが、どうしても使ってみたいコスメがあれば、おこづかいで買ってみるのもいいかもしれません。そういう実体験のひとつひとつが、いつか必ず役に立つはずです。

わたしも昔からファッション雑誌を見て、髪型やメイクをまねして遊んでいたんです。そのときはただ楽しんでやっていただけですが、そのころのメイクが最近また流行ってきているので、当時集めた情報や、実際に手を動かした経験が、今役に立っているんですよ。

毎回、結果を残さなければいけません
だから一瞬も気がぬけないんです

- 今できること -

ふだんの暮らし

テレビや雑誌、WEBサイトなどメディアに積極的にふれてください。今何が流行しているか、人々が何を求めているのか、感じとるようにしてみるといいでしょう。プロのヘア＆メイクアップアーティストも同じように、メディアから多くのことを吸収しています。

美容院に行ったときには、お店にいる美容師の人たちに積極的に話しかけてみましょう。ヘアアレンジのプロなので、テクニックや心構えについて教えてくれることがあります。

 国語
ヘア＆メイクアップアーティストにとってコミュニケーション能力はとても重要です。信頼関係を築くためにも、編集者やモデルに対して正しい日本語でやりとりをする必要があります。

 美術
ヘア＆メイクアップは芸術です。美術の時間で、名画にふれたり、自分自身で作品をつくったりすることは、とても勉強になります。

 英語
ニューヨークやロンドン、パリなど、世界の都市で新しいファッションが誕生しています。インターネットなどで海外の情報を得るためにも、英語はきちんと勉強しておきましょう。

File No.17

プレス
Fashion Press

ストライプ
インターナショナル
仁八麻亜里さん
入社6年目 25歳

ブランドの魅力を
広く伝えていきたい

ファッションブランドの魅力を、雑誌などのメディアを通じて多くの人に向けて発信するのがプレスの仕事です。earth music&ecology（アース ミュージックアンドエコロジー）をはじめ、人気のブランドを展開するストライプインターナショナルで、仁八麻亜里さんにお話をうかがいました。

Q プレスとはどんな仕事ですか?

ブランドの服の魅力を、雑誌やテレビなどのメディアを通じて発信する仕事です。具体的には、メディアにブランドの服を貸しだすのがおもな仕事になります。

まず、少しでも多くのメディアで取りあげてもらうために、新作の服の見本が完成したら、展示会や発表会を開きます。そこで、スタイリストやファッション雑誌の編集者など、ファッションの世界の人たちにおひろめして、服の魅力をアピールするのです。

そのあとは、スタイリストなどから雑誌でモデルに着せて撮影したいという問い合わせが来ます。そうしたら、プレスが服を貸しだすのです。1着だけではなく、組み合わせやサイズちがいで複数貸しだすことが多いです。いろいろなメディアに同時に貸しだすので、管理は大変です。

スタイリストなどと相談するときは、ブランドとして打ちだしていきたい服を使ってもらえるように、交渉していくのもプレスの大事な役目ですね。空いた時間はSNS※でブランドの魅力や、おすすめの商品をアピールしていきます。

• 貸し出し用のカタログ •

• スマートフォンとWi-Fiルーター、充電器 •

PICKUP ITEM

服には、形や色ごとに番号(品番)がついている。貸し出しをすることになった服は、会社専用のサイトで品番を打ちこむと、どの服が雑誌やテレビで紹介されるか、社内や全国の店頭スタッフと共有できる。プレスのもとには、貸し出し依頼など、たくさんの電話がかかってくるので、通信機器や充電器は欠かせない。

スタイリストや編集者が、雑誌にのせる服を探しにやってくるプレスルーム。まるでお店のように、新作の服がきれいにならべられている。

仁八さんの1日

- 09:00 出社。まずメールをチェックする
- 10:00 撮影の打ち合わせ
- 11:00 服の貸し出しの対応をする
- 12:00 社内デザイナーとランチをしながらミーティング
- 13:00 ふたたび貸し出しの対応
- 14:00 SNSで紹介する服や小物の撮影
- 15:00 貸しだした服がのった雑誌をチェック
- 18:00 退社。帰宅後は雑誌を読むほか、ほかのブランドのSNSをチェックすることも

用語 ※SNS ⇒ ソーシャル・ネットワーキング・サービスの略。インターネット上で、人と人とが写真や文章などの情報をやりとりする。代表的なサービスに、Twitter、Instagram、LINE、TikTokがある。

Q どんなところがやりがいなのですか？

服が雑誌にのったり、テレビに出たりすると、お店への問い合わせが増え、売れ行きがよくなるなど、反響があります。やはり、多くの人が目にするメディアの力は大きいんです。反響が大きければ、やりがいを感じますね。

せっかくいい服をつくっても、メディアを通じて、多くの人に知ってもらい、興味をもってもらわなければ意味がないので、プレスの仕事は責任重大だと思います。

Q 仕事をする上で、どんな工夫をしていますか？

何度も仕事をするうちに、スタイリストや編集者の好みがわかってきます。たくさんうちの服を使ってもらえるよう、打ち合わせの前に、気に入られそうな服を用意しておきます。

また、服がどんなふうに雑誌で紹介されたのか、必ず確認をします。わたしが担当するブランドは、学生から主婦まで、はば広い層の方が着てくださるので、服がのる雑誌は毎月20冊をこえる。そのすべてに目を通すんです。たまに、女の子らしいイメージでつくった服が、ボーイッシュなスタイリングに使われるなど、ブランドが打ちだしているイメージとちがった形で雑誌にのることがあります。次に服をつくるときの参考になるので、社内のデザイナーに、雑誌でどのように取りあげられたかを伝えます。

雑誌を開いて、服がのっているところをチェック。「うちのブランドに似た服があったのに、ほかのブランドの服がのることもあります。そんなときは、なぜだったのか、理由を考えて次に活かします」

Q なぜこの仕事をめざしたのですか？

入社したばかりのころは、お店で販売をしていました。そのときにお店のブログを担当したことが、プレスをめざすきっかけになりました。

ブログを書くときは、商品の話はもちろん、わたしの思い出話をからめるなど、少しでもたくさんの方に読んでもらう工夫をしていました。また、すてきな服だと思ってもらうには写真が大切なので、自分でカメラを買って練習もしました。

そうしたら、「ブログを見たよ」と言ってお店に足を運んでくれるお客さまがいて、とてもうれしかったですね。売り上げアップにもつながったんですよ。

そのうち、商品の魅力をもっと広く伝える仕事がしたいと思い、プレスをめざすようになりました。

写真を上手に撮れるようになりたくて、購入した一眼レフカメラ。「今も時間を見つけて練習しています」

Q 今までにどんな仕事をしましたか？

入社した年の4月にお店での販売を始め、その後副店長として、まわりのスタッフへ指示を出す立場になりました。初めは大変でしたね。でも、1年目の夏ごろにはもう、いずれはプレスになるという目標をもっていました。

ただ、プレスはお店ではなく本部での仕事です。お店のスタッフへ指示を出したり依頼したりすることも多いので、お店の業務をすべてわかっていないと、つとまらないと思っていました。そこで、まずは店長をめざすことにしたんです。

そして店長になることができたので、プレスになりたいと会社へ希望を出し、入社3年目にプレスの仕事ができるようになりました。今は、earth music&ecologyは、わたしがひとりで担当しています。

Q 仕事をする上で、むずかしいと感じる部分はどこですか?

1日の中で、やらなければいけない仕事がたくさんあるので、スケジュール管理がむずかしいですね。

1日に少なくとも4、5件は貸し出しの予約があります。たくさんの雑誌へ同時に貸し出しをするので、予約が重なることがないように注意します。また、最近は、SNSで情報を発信するのも、プレスの大事な仕事です。貸し出し作業の合間をぬって、SNSにのせる写真の撮影や、記事の更新作業も行います。

ほかにも、日によっては社内のデザイナーとの打ち合わせや、メディアからの取材に対応することもあります。ちょっとした時間もむだにせず、頭を切りかえて仕事をするようにしています。

社内で打ち合わせ。スタイリストや編集者など、ファッション業界の関係者から聞いた、新作への感想などを伝えて、意見を交換する。

Q ふだんの生活で気をつけていることはありますか?

いろいろなことに興味をもって、積極的に調べるようにしています。モデルさんのSNSをこまめに見て、今流行しているものをチェックしたり、話題のお店がオープンすると聞けば、そこへ足を運んでみたりします。

ファッション雑誌は、自社ブランドの商品がのっていても、のっていなくても、できるかぎり読むようにしていますね。

プレスは、情報を発信する立場なので、自分が担当するブランドのことだけではなく、ファッションに関わる情報は何でも知っていなくてはだめだと思います。

Q これからどんな仕事をしていきたいですか?

うちの会社が新しいブランドを立ち上げるとき、そのプレスを担当させてもらいたいですね。

新しいブランドともなれば、ゼロの状態からスタートするので、多くの人に知ってもらえるように伝えるプレスの責任は重大です。でも、わたしは、責任がともなう仕事を任せてもらったとき、全力を出しきれるタイプです。今の仕事もとてもやりがいがありますが、新しいことにチャレンジする機会があれば、喜んで挑戦したいです。

プレスになるには……

まずはアパレルメーカーやブランドに社員として採用される必要があります。ただし、社員になれたとしても、必ずプレスになれるわけではありません。服飾系の大学や専門学校だけでなく、一般の大学の卒業者でも採用されます。プレスになるために必要な資格はありませんが、本社が海外にある会社や海外との取り引きが多い会社では、英語力が必要です。

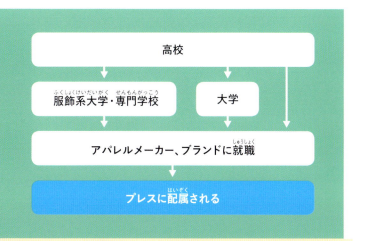

Q プレスになるにはどんな力が必要ですか？

何といっても、人とコミュニケーションを取る力です。

プレスは、雑誌やテレビなど、メディアへの対応をすべて取りしきる仕事なので、とにかくたくさんの人にお会いします。ブランドを代表して行動しなければなりません。プレスがひとりひとりの方としっかりお話をして、信頼関係を築くことが、ブランド全体への信頼につながるんです。

ちょっとしたおしゃべりから、相手の方の本音が聞けることもあるんですよ。

販売員として働いていたとき身につけた対話力が、今も役立っている。「だれとでも気さくに話ができる人は、プレスに向いていると思います」

仁八さんの夢ルート

- **小学校・中学校 ▶ パティシエール※**

長い間、パティシエールにあこがれていた。でも、朝が早い職業と知ってあきらめた。

▼

- **高校 ▶ 建築関係の仕事**

建築のなかでも、インテリアに関わる仕事がしたいと思っていた。

▼

- **短期大学 ▶ 建築関係の仕事 →ファッション関係の仕事**

建築コースと服飾コースがある学科に進んだ。初めは建築を学んでいたが、途中で服飾コースに変更した。

Q 中学生のとき、どんな子どもでしたか？

中学校は1学年20人くらいの小さな学校でしたが、生徒会長をつとめていました。

得意科目は国語でした。入社したばかりのころ、ブログを書くのが苦にならなかったのは、そのおかげかもしれません。あと、ファッション雑誌が子どものころから大好きで、小学5年生から高校生になるまで、ずっと同じ雑誌を買って読んでいました。今は、仕事のために雑誌を読む機会が多いですが、もともと好きだったことなので、楽しく続けられているのかなと思います。こうして考えてみると、子どものころ進んでやっていたことが、今の自分をずいぶん助けてくれていますね。

小学5年生のころから7年間、欠かさずに読んでいたファッション雑誌。「今でも、何となく捨てられないんです」と仁八さん。

Q 中学のときの職場体験は、どこに行きましたか？

夏休みの3日間、地元の有名なケーキ屋さんで職場体験をしました。そのころはパティシエールになりたいと思っていたので、とてもうれしかったですね。

1日目は販売、2日目はキッチンで洗いもの、3日目はお菓子づくりのお手伝いと、毎日ちがう仕事を体験させてもらいました。1日目、2日目と、大変だな、つらいなという気持ちがふくらんでいったんですが、3日目は、プリンを型に流しこんだり、かざりつけを担当させてもらったりと、お菓子づくりに直接関わるような仕事ができて、楽しかったのを覚えています。

用語 ※ パティシエール ⇒ フランス語で「女性の菓子製造人」という意味。男性の場合は「パティシエ」という。

Q 職場体験では、どんな印象をもちましたか？

中学生なので、もちろん働くことが初めてだったというのもあって、2日目の洗いものの仕事がとてもつらかったですね。ケーキの洗いものはべとべとするし、1日中立ちっぱなしだし、おとなはこんなことを毎日しているなんて、すごいなと思ったのを覚えています。

おどろいたのは、パティシエのみなさんがとても朝早くから働いていたことです。わたしは早起きが大の苦手だったので、毎朝4時くらいから働くと聞いたとき、「これはパティシエールをめざすのはきびしいぞ」と感じてしまいました。

Q この仕事をめざすなら、今、何をすればいいですか？

プレスは情報を発信する仕事です。人に何かを伝えるとき、どうすれば、その人が興味をもってくれるか、考えるくせをつけるといいと思います。

例えばSNSは、伝える力がきたえられる場所です。料理の写真を投稿するときも、写真の撮り方に工夫が必要ですよね。湯気を写して、できたてのおいしさを伝えるのか、それとも、お皿もいっしょに写して、きれいな盛りつけを見せるのか。撮り方しだいで、印象がまったくちがってきます。いろいろなことを考えながら、楽しんで「発信する力」を身につけてほしいです。

中学時代の仁八さん。「何でもいちばんを取らないと気がすまないタイプでした」

ブランドの代表として、メディアの人たちとの信頼関係を築く

－ 今できること －

ふだんの暮らし

プレスはブランドの服の魅力を世の中に伝える仕事です。まず自分自身が服のことを、きちんとわかっていなくてはいけません。ファッションに関わらず、「いいな」と思うものがあったら、なぜそこに魅力があるのか、理由を探って人にすすめてみましょう。

また、プレスはメディアを相手にする仕事です。テレビ、雑誌、ラジオ、インターネットなどのほかにも、世の中にどんなメディアがあって、それぞれどんな役割をしているか、ふだんから意識してみてください。

 国語
プレスには、TwitterやInstagramのようなSNSやブログで商品の魅力を広く伝える力が必要です。いろいろな文章を読んで、短い言葉でインパクトをあたえられる表現力を身につけましょう。

 家庭科
洋服の役割や、裁縫の基本的な技術は家庭科で学べます。ファッションの仕事をするなら、もちろんむだにはなりません。

 英語
プレスは海外のメディアとやりとりしたり、SNSに英語で書きこむこともあります。授業で基礎的な英語力を身につけておきましょう。海外のファッションサイトを見ると、英語の勉強にもなります。

File No.18

スタイリスト

Stylist

小山田早織さん
28歳

テレビや雑誌でモデルやタレントが身につける、すてきな洋服や小物を用意しているのがスタイリストです。ファッション雑誌や映画、CMなど、さまざまなメディアで活躍する人気スタイリスト、小山田早織さんにお話をうかがいました。

日本の
スタイリストの
技術は、世界でも
一流なんです

Q スタイリストとはどんな仕事ですか？

雑誌や広告、映画、ドラマなどに登場するモデルやタレントの衣装をコーディネート※する仕事です。

例えば雑誌の場合、まず特集のテーマに合う服をアパレルブランドから借りてきて、コーディネートを考えます。それを編集者にチェックしてもらったら撮影です。

撮影現場では、モデルの細い体型に合わせて、服をクリップでとめてサイズを調節したり、しわをのばしたり、服がきれいに見える着こなし方を細かく伝えたりします。撮影で使った服の情報は雑誌に掲載するので、ブランド名や価格を正確にメモして、編集者に提供します。

また、テレビの場合は番組のセットやタレントの方の希望に沿った服を用意します。映画の場合は役者の方と演じる役のイメージを話しあいながら衣装を考えていきます。

Q どんなところがやりがいなのですか？

わたしのコーディネートした衣装を着たモデルやタレントの方が、自信をもって、いきいきと撮影に臨んでいるのを見るのは、うれしいですね。

それに、わたしのコーディネートを雑誌で見た読者がまねしてくれたり、アパレルブランドからその服の売り上げがのびたという報告を聞いたりすると、喜びと達成感でいっぱいになります。そのたびに、わたしの仕事が世の中の人やモノを動かしているんだという実感がわいてきて、みんなにもっと喜んでもらえるように、がんばろうと思うんです。

編集者にコーディネートのチェックを受けるときは、実物を見てもらう。服の素材の質感なども確認する。

Q 仕事をする上で、大事にしていることは何ですか？

アパレルブランドから服を借りるときは、プレスの方との信頼関係を大切にしています。プレスとは、ブランドがつくっている商品の広報や宣伝をする役割の人です。

アパレルブランドから服を借りるとき、プレスから服をすすめられることがあります。でもわたしは、その服が雑誌のテーマに合わなければ、きちんとお断りするようにしています。お借りしても、あとで「やはり今回のテーマには合わないな」と判断すれば、使用しないからです。せっかく貸してもらったのに、雑誌に服がのらないのでは、プレスの方に申しわけないですよね。

雑誌は、トレンドを生みだすメディアです。わたしたちスタイリストが責任をもって、本当によいと思える服を選ばなければいけないという気持ちで、いつも仕事しています。

小山田さんの1日

- 10:00 午前中は、アパレルブランドをまわって、撮影用の服を借りる いそがしいためランチは食べない
- 13:00 雑誌の編集者など仕事の依頼者にコーディネートをチェックしてもらう
- 15:00 編集者やカメラマンと次の撮影の打ち合わせ
- 17:00 事務所で次の撮影の準備。ブランドから届く、新作の情報もチェックする

ファッション雑誌の撮影。ボタンをとめるかどうかなど、着こなしを考えるのもスタイリストの仕事。

用語 ※ コーディネート ⇒ 服の形や色、素材が調和するように組みあわせること。

Q 今までにどんな仕事をしましたか？

スタイリストになるには、プロのスタイリストのアシスタントになって、修業を積む必要があります。わたしも、あこがれのスタイリストの方に弟子入りして、洋服の手配の仕方や、撮影現場でのふるまい方など、スタイリストとしての基本をたたきこまれました。

独立後は、雑誌やテレビの仕事を地道にやっていき、少しずつ雑誌の特集など大きな仕事を任されるようになりました。雑誌の場合、読者が好きなコーディネートのランキングが毎月出されるので、そこでつねに上位に入ることを目標にやっていました。そのかいがあって、徐々に人気スタイリストと呼ばれるようになり、モデルやタレントの方々からも指名してもらえるようになったんです。

Q 仕事をする上で、むずかしいと感じる部分はどこですか？

わたしはこの仕事が大好きなので、大変だと感じることはあまりありませんが、肉体的にはとてもハードな仕事ですね。テレビ局や撮影スタジオに運ぶ衣装の量が、とにかく多いんです。大きな衣装バッグ5つをかかえた上に、トランクケース2つを引いて移動することもしょっちゅうなんですよ。冬物の撮影では、コートやブーツが重くてかさばるから本当に力仕事です。手にかかる負担が大きいので、最近、整骨院に通いはじめたんですが、わたしの筋肉のつき方が、毎日フライパンをふっているコックさんと同じだと言われたときには、おどろきましたね。

アトリエ兼事務所には、たくさんの靴がずらりとそろっている。私物の靴や小物などは、撮影に使うこともある。

Q なぜこの仕事をめざしたのですか？

大学生のときに読者モデルにスカウトされて、ファッション雑誌に関わる仕事をした経験が大きいです。みんなでひとつの雑誌をつくりあげていくことに魅力を感じました。なかでも、ファッション雑誌にとってとくに大切な、服のコーディネートを考えるスタイリストにあこがれるようになったんです。

ただ、中学生のときから教師になるのが夢で、大学でも教師の資格をとるまでにあと一歩のところだったので、どちらの進路を選ぼうか、卒業ギリギリまで迷いましたね。それで、母に相談したら、「今しかできないことをやった方がいい」と言ってくれたんです。ファッションの感性をみがくなら、絶対に若いうちがいいと思ったので、スタイリストの道を選びました。

毎日、たくさんの衣装を運ぶ小山田さん。「手にはタコができていますし、指先から血が出ることもあるんですよ」

Q ふだんの生活で気をつけていることはありますか？

空や植物など、自然の色を意識して見るようにしていますね。自然の色は人がつくり出せないものなので、「世界にはこんな色もあるのか！」という発見が多いんですよ。気持ちがいやされますし、豊かな感性が育まれると思うんです。

それから、どんなにいそがしくても、定期的に海外旅行に行くようにしています。海外のファッションや流行からも学べることが多いし、刺激やひらめきをもらえるんです。

あとは、自分の体型を維持するように気をつけています。「この人にスタイリングしてもらいたい！」と思ってもらうためには、自分がいつもおしゃれに服を着こなしていないといけません。仕事が夜おそくに終わっても、寝る前に食べ過ぎないように心がけています。

Q これからどんな仕事をしていきたいですか？

日本のスタイリングの技術を、海外に伝えたいと考えています。今でも、海外のメディアで仕事を頼まれると、なるべく行くようにしているんです。

日本のスタイリストの技術は世界でも一流といわれています。ファッション雑誌ではよく「たった10着のアイテムで、1か月着回す」というような特集を組んでいますよね。10着で30種類のコーディネートをつくるのは、本当にむずかしく、職人気質の日本人だからこそできるといっても大げさではありません。海外のスタイリストには、日本の雑誌のこういった特集を見てコーディネートを勉強する人も多いそうです。だから、わたしたちの技術を海外に広めれば、きっとたくさんの人に喜んでもらえると思うんです。

PICKUP ITEM

撮影時に持っているウエストバッグには、服のサイズを調整するのに必要なクリップやガムテープなどをつけている。また、服をハンガーにかけたまま使えるアイロンとアイロン台代わりのミトンも必需品。アパレルブランドなどから借りた服や靴は、大きなトランクに入れて運ぶ。

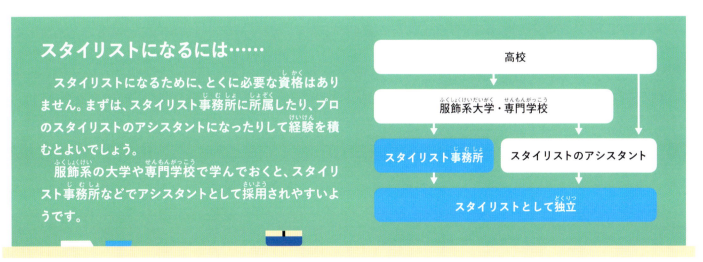

スタイリストになるには……

スタイリストになるために、とくに必要な資格はありません。まずは、スタイリスト事務所に所属したり、プロのスタイリストのアシスタントになったりして経験を積むとよいでしょう。

服飾系の大学や専門学校で学んでおくと、スタイリスト事務所などでアシスタントとして採用されやすいようです。

Q スタイリストになるには どんな力が必要ですか?

洋服が好きという気持ちはもちろんですが、やる気と体力が何よりも大切です。さっきもお話した通り、スタイリストの仕事はとてもハードです。衣装を集めるために、多いときは1日で25件もアパレルブランドを回って、大量の服を運ばないといけません。それに仕事が夜おそくまで続いても、次の日が撮影なら、朝5時に起きて撮影現場に行かないといけません。体力がないと、続けるのはむずかしいと思います。

さらに、相手の意図するものをくみとる力も必要です。スタイリストは、自分が好きな洋服を着てもらうんじゃなくて、雑誌や番組のテーマに合うコーディネートや、タレントの魅力を引きだすコーディネートを的確に提案しなければいけません。自分なりのこだわりをもつことも大切ですが、相手が何をしてほしいのか、どうしたら喜ぶかを考えられる人だといいですね。

小山田さんの夢ルート

小学生 ▶ 教師
教壇に立って勉強を教える先生を見て、自分もあそこに立ちたいと思っていた。

▼

中学校・高校 ▶ 歴史の教師
中学校・高校と歴史の先生にめぐまれ、勉強が楽しくて仕方なかった。
いつか自分も子どもたちに日本の歴史を教えたいと思った。

▼

大学生 ▶ 教師→スタイリスト
大学は文学部史学科に進み、教員免許を取るためにがんばっていたが、雑誌の読者モデルになったことがきっかけで、ファッション関係の仕事に興味をもち、スタイリストのアシスタントになる。

Q 中学生のとき、どんな子どもでしたか?

中学時代をふり返ってみると、部活動に生徒会活動に、かなりいそがしい学校生活を送っていたと思います。

バスケット部員だったのですが、とにかく練習がきびしかったんです。テスト期間中も朝練できっちり5km走らなければならなくて、制限時間内に走りきれなかったら、もう一度走ることになっていました。生徒会の副会長もつとめていたので、学校行事と試合が重なったときは本当に大変でしたね。それでも、3年間投げださずにやりとげたことが、ひとつの自信につながったと思います。

また、学校の先生や友人には、「独特な世界観をもっている」と言われていました。とくに絵を描いたとき、構図や表現が個性的でおもしろいと言われていたんです。それが今の仕事に活きているのかどうかは、自分ではわからないんですけどね。

Q 中学のときの職場体験は、どこに行きましたか?

障がい者の方たちが働く作業所に行きました。そこでは新聞にはさむ広告チラシを折る仕事をしていて、指導員の方たちがていねいに仕事内容を教えながら、いっしょに働いていました。

わたしも、みなさんにまじってチラシを折ったんです。一日中、ひたすら折りつづけていると、手の油分がすっかりなくなって、指先が真っ赤になりましたね。最初は作業所で働く方たちと打ちとけるのが大変でしたが、最終日の3日目には、会話も交えながら楽しく働くことができました。

バスケットボール部での試合のよう。左が小山田さん。毎日きびしい練習にたえたことが自信につながった。

Q 職場体験では、どんな印象をもちましたか？

作業所で働く指導員の方たちを見て、お金のために働くことも大事だけど、「人の役に立ちたい」という気持ちで働くことはもっと大事なんだと気づきました。指導員の方たちは、自分でやったらすぐに終わる仕事でも、相手がわかるまでていねいに、根気よく説明していて、「この人のためになりたい」という思いが伝わってきました。

終業の時間になると障がい者の方たちの家族がむかえにくるんですが、「いつもありがとうございます」と指導員の方にあいさつして帰っていくんです。そんな光景を見ていると、自分も将来、まわりの人たちが喜んでくれる仕事をしたいなと、子どもながら真剣に思いました。

Q この仕事をめざすなら、今、何をしておくべきですか？

色彩感覚を養うために、今からたくさんの絵画を鑑賞したり、自然の美しい景色をながめたりするといいと思います。

それから、部活を3年間続けるとか、テストで満点をとるとか、日々の生活の中で成功体験を積みかさねていってほしいですね。はなやかなイメージをもたれることが多いスタイリストですが、想像以上にきびしい世界です。わたしも、むずかしい仕事を引きうけたとき、やりきれるのか不安になることもありますが、「これまでもやってきたんだ！」という自信が大きなはげみになっているんですよ。何でもいいので、チャレンジ精神をもって学校生活を送ってほしいです。

中学時代の小山田さん。部活に生徒会活動にと本当にいそがしい毎日を過ごしていた。

トレンドを生みだすがわとして、本当によいと思う服を選ぶことがスタイリストの責任

－ 今できること －

ふだんの暮らし
スタイリストには、ファッションの知識やセンスが求められます。外出したときには、街のおしゃれな人の服や靴、アクセサリーなどをチェックしましょう。

また、スタイリストは、お店から借りた服や靴などをていねいにあつかわなければなりません。ふだんから、服にアイロンをかけたり、靴の手入れをしたりして、物を大切にする習慣をつけておくといいでしょう。

さらに、体力のいる仕事ですから、よく運動をして体力をつけておきましょう。

国語
仕事の依頼主やモデル、タレントなど、大勢の人とよい関係を築くことが大切です。上手に話したり、相手の気持ちをくみとったりできるようになりましょう。

美術
スタイリストには、色彩や形などに関するセンスが必要です。さまざまな芸術作品にふれて、感性を豊かにしておきましょう。

体育
さまざまな運動にまじめに取りくむことで、じょうぶなからだと体力が養われます。

家庭科
基本的な裁縫の技術のほか、衣服についている表示の見方、手入れや保管の方法を学ぶことができます。どれも、スタイリストに役立つ知識です。

仕事のつながりがわかる
ファッションの仕事 関連マップ

ファッションイベントの場合

ここまで紹介したファッションの仕事が、それぞれどう関連しているのか、ファッションイベントを例に見てみましょう。

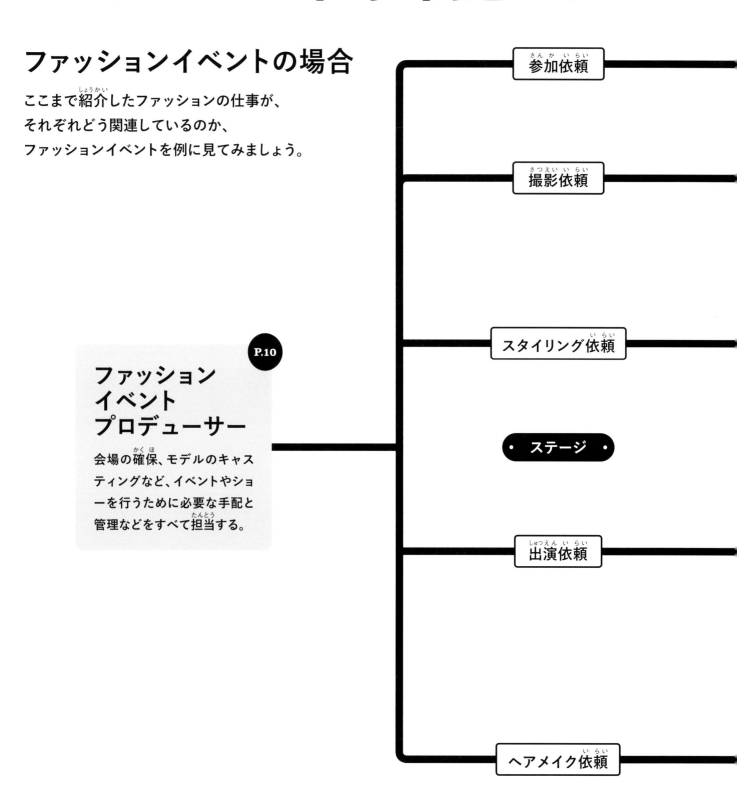

※このページの内容は一例です。

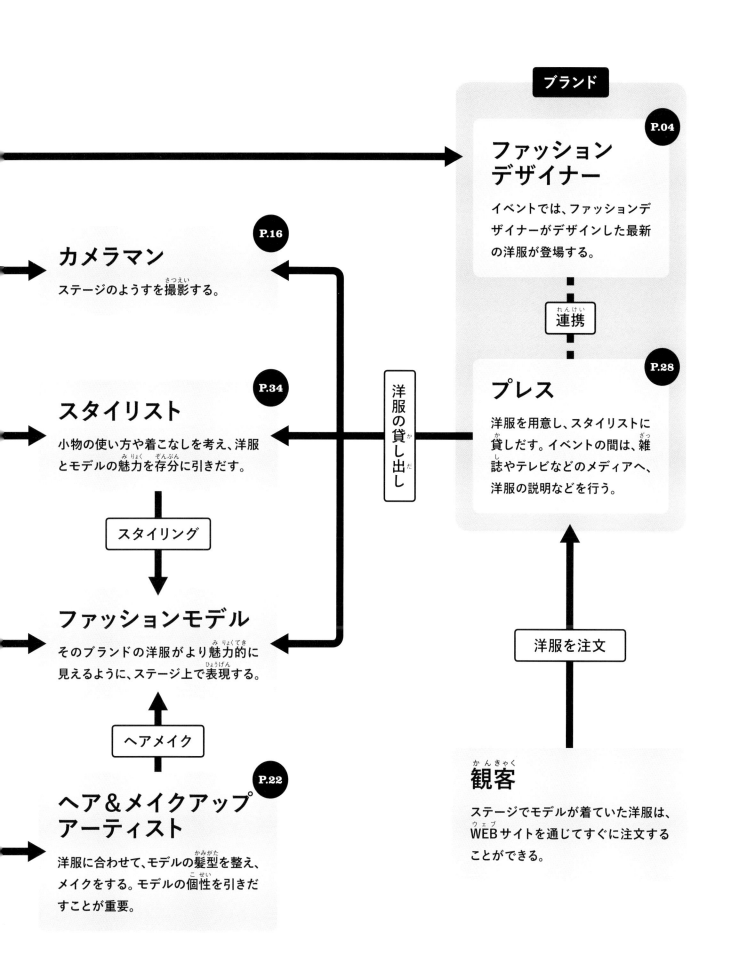

これからのキャリア教育に必要な視点 3

「なりたい自分」へ
一歩をふみだす

▶ しっかりと自己分析をすることが大事

ファッション業界で活躍している人たちに共通するキーワードは「なりたい自分」ではないでしょうか。

この本に出てくる人たちの多くは、インタビューの中で「もともとファッションが好きだった」と答えています。ファッションが好きで、この業界で仕事をしたい、という意識を強くもっている人たちなのです。つまり、ファッション業界には、「なりたい自分」へのあこがれや意欲が強い人が集まっているのではないかと思います。

中学生の段階では、彼らのようにはっきりと「なりたい自分」をイメージできるわけではないと思います。しかし、キャリア教育では、「何が好きなのか」、「何が得意なのか」、「どんなことにこだわりをもっているのか」など、自己分析し、それを自分の将来に結びつけて考えることが重要でしょう。そうすれば、今の自分は何をするべきなのか、進むべき方向が見えてきます。つまり、自己分析によって自らの進むべ

き道を考える「キャリアプランニング能力」を育むことにもなるのです。

▶ 夢ルートは変わって当たり前

インタビューページの「夢ルート」の部分を見てください。多くの人が、現在している仕事は、中学生のときの夢とは一致していません。夢はかなわない場合もありますし、ほかのことに興味が出てくることもあります。そういうときは、キャリアプランを何度でも立てなおせばいいのです。この本に出てくる人たちはそうやって、現在の仕事にたどりつきました。

ファッション業界にはたくさんの仕事があります。例えば、ファッションショーではモデルやファッションデザイナーに注目が集まりますが、スタイリストやヘア＆メイクアップアーティスト、カメラマンをはじめ、たくさんの人たちが、そのまばゆい舞台を支えています。

キャリア教育で育成すべき力

文部科学省は、社会人に求められる能力として下の4つを挙げている。これらは、キャリア教育を通じて育むべき力とされている。

人間関係形成・社会形成能力	自己理解自己管理能力	課題対応能力	キャリアプランニング能力
多様な他者の考えを認めつつ、自分の考えも正確に伝え、協働する力。	自分自身の可能性を理解した上で、今後の成長のために進んで学ぼうとする力。	仕事をする上でのさまざまな課題を発見・分析し、計画的にその課題を解決する力。	「働くこと」の意義を理解した上で、情報を取捨選択し、キャリアを形成する力。

出典:『中学校キャリア教育の手引き』文部科学省(2011年)

| キャリアプランニング | 目標設定シート |

まず、将来の目標をひとつ立てて、その目標を達成するために必要なことを逆算して考えてみましょう。
最後は、明日から実践できる「具体的な目標」を設定しましょう。

私が将来やってみたい仕事は…	①
上記①の仕事に就くために必要なのは…（勉強、経験、資格など）	②
上記②を身に付けるためにやるべきことは…	③
上記③のための高校卒業後の進路は…	④
①〜④を実現するために明日からやることは？（具体的な目標を設定しましょう）	明日から取り組む今月の目標
	今後1年間の目標

左は、厚生労働省が作成したキャリアプランニングための「目標設定シート」。高校生用だが、中学生も利用できる。「将来やってみたい仕事」から「明日からやること」までを書きこむことができる。

出典:『指導に活用できるワークシート＆知識』厚生労働省（2011年）

　もし、あこがれていたファッションデザイナーになれなかったとしても、ファッション業界で働く方法はたくさんあります。この本にのっていない仕事もたくさんあるのです。中学生の段階では、あこがれる気持ちを大事にしながら、まずは業界について調べてみることが大事でしょう。

　この本に出てくるファッションデザイナーの人は、ファッション雑誌の編集者になりたいと思っていました。そのために大学で服づくりを学んでいく中で、ファッションデザイナーになろうと思ったそうです。大事なことは、自分の夢に向かって、まず第一歩をふみだすことです。すると、昨日までとはちがう新しい景色が見えてきます。そして、夢に向かって行動することは決してむだにはなりません。このことを、キャリア教育の中で、ぜひ学んでほしいと思います。

▶ センスよりもやる気と行動力

　また、スタイリストの人は、ファッション雑誌の特集のテーマに合う洋服を、アパレルブランドをまわって借りてくるのが仕事です。たくさんの服や靴をかかえて撮影場所へやってきます。スタイリストは自分の好みで洋服を選んでいるわけではありません。企画の内容に合わせ、服とモデルが、もっともかがやく組み合わせを頭をひねって考えるのです。

　そのために、つねに最新の流行を意識しています。雑誌はもちろん、WEBサイトやSNSを通じて、海外からの情報もチェックしています。一見はなやかに見えるファッション業界ですが、活躍している人たちは、例外なく、このような地道な努力をしています。

　「本当は〇〇になりたいけど、才能がないから無理」と、最初からあきらめてしまう生徒もいます。キャリア教育では、才能やセンスを気にするよりも、「なりたい自分」になるためには、「やる気」や「行動力」の方が、ずっと重要であると生徒に伝えるべきでしょう。

　この本に出てくる先輩たちの言葉を読めば、そのことがはっきりわかるはずです。

PROFILE
玉置　崇 (たまおき たかし)

岐阜聖徳学園大学教育学部教授。
愛知県小牧市の小学校を皮切りに、愛知教育大学附属名古屋中学校や小牧市立小牧中学校管理職、愛知県教育委員会海部教育事務所所長、小牧中学校校長などを経て、2015年4月から現職。数学の授業名人として知られる一方、ICT活用の分野でも手腕を発揮し、小牧市の情報環境を整備するとともに、教育システムの開発にも関わる。文部科学省「校務におけるICT活用促進事業」事業検討委員会座長をつとめる。

構成　林孝美

さくいん

あ

アクセサリー ……………………………………………… 39

アシスタント ……………………… 19, 24, 36, 37, 38

アパレルメーカー ……………………………… 7, 18, 31

イベント ………………… 11, 12, 13, 14, 15, 40, 41

Illustrator ……………………………………………… 5

インターネット ……………………… 9, 27, 29, 33

WEBサイト（サイト）………… 16, 17, 18, 27, 29, 33, 41, 43

SNS ……………………………… 29, 31, 33, 43

か

カメラマン ……………… 16, 17, 18, 19, 20, 21, 35, 41, 42

広告 ……………………… 13, 17, 21, 23, 35, 38

コーディネート ………………………… 35, 36, 37, 38

コミュニケーション……………… 6, 9, 11, 15, 24, 27, 32

コレクション ………………………………………………… 6

さ

撮影……………… 16, 17, 18, 19, 20, 21, 23, 24, 25, 26, 29, 31, 35, 36, 37, 38, 40, 41, 43

職場体験……………… 9, 14, 15, 21, 27, 32, 33, 38, 39

スタイリスト ………………… 17, 29, 30, 31, 34, 35, 36, 37, 38, 39, 41, 42, 43

スタイリング ……………………… 30, 37, 40, 41

ストリートスナップ…………………………………… 18

センス ……………………………… 15, 21, 39, 43

た

タレント ………… 11, 12, 22, 23, 34, 35, 36, 38, 39

デザイン ……………… 4, 5, 7, 8, 12, 15, 24, 41

デザイン画 ………………………………………… 5, 9

東京ガールズコレクション ………… 10, 11, 12, 13, 14

トレンド ……………………………………… 13, 35

な

ニット ……………………………………… 4, 5, 6, 7

は

バイヤー ……………………………………………… 5

美容専門学校…………………………………………… 25

ファッション ……………… 7, 8, 9, 11, 12, 13, 14, 16, 17, 18, 21, 24, 26, 27, 29, 31, 33, 36, 37, 38, 39, 40, 42, 43

ファッションイベントプロデューサー 10, 11, 13, 14, 15, 40

ファッション雑誌 …………6, 8, 14, 22, 23, 24, 27, 29, 31, 32, 34, 36, 37, 43

ファッションショー ……………………… 10, 11, 42

ファッションデザイナー（デザイナー）……… 4, 5, 6, 7, 8, 9, 14, 15, 26, 29, 30, 31, 41, 42, 43

Photoshop ……………………………………………… 17

服飾系大学・服飾系専門学校……………………6, 7, 31, 37

ブランド（ファッションブランド）………… 4, 5, 6, 7, 8, 11, 12, 13, 15, 28, 29, 30, 31, 32, 33, 35, 37, 38, 41, 43

プレス ……………… 8, 28, 29, 30, 31, 32, 33, 35, 41

プレスルーム ……………………………………… 29

ブログ ……………………………………… 30, 32, 33

ヘアアレンジ ……………………… 22, 23, 25, 27

ヘア＆メイクアップアーティスト ……… 17, 22, 23, 24, 25, 26, 27, 41, 42

ヘア＆メイク専門学校 ………………………… 25, 26

編集者……… 6, 8, 14, 17, 24, 27, 29, 30, 31, 35, 43

ま

メイク ………………… 12, 22, 23, 24, 25, 27, 41

メイク道具 ………………………………… 23, 24, 25

メディア ……………… 17, 23, 24, 27, 28, 29, 30, 31, 32, 33, 34, 35, 37, 41

モデル……………… 11, 12, 16, 17, 18, 22, 23, 24, 26, 27, 29, 31, 34, 35, 36, 38, 39, 40, 41, 42, 43

ら

ロケハン ……………………………………… 17, 19

【取材協力】

malamute　https://malamute-knit.com/
株式会社Ｗ TOKYO　https://w-tokyo.co.jp/
小見山峻　https://shunkomiyama.com/
野口由佳　http://www.roi-hair.com/make/noguchi/
株式会社ストライプインターナショナル　https://www.stripe-intl.com/
小山田早織　https://ameblo.jp/saori-oyamada/
株式会社レコオーランド　https://recoorlando.co.jp/
アトリエＭ　https://www.leia.biz/atelier/
—
荒川区立第三中学校
新宿区立四谷中学校
中村中学校

【写真協力】

株式会社学研プラス

【解説】

玉置崇（岐阜聖徳学園大学教育学部教授）　p42-43

【装丁・本文デザイン】

アートディレクション／尾原史和・大鹿純平
デザイン／SOUP DESIGN

【撮影】

平井伸造　p4-16、p18-39
土屋貴章（オフィス303）　p17

【執筆】

中村結　p16-21、p28-33
宮里夢子　p22-27、p34-39
林孝美　p42-43

【企画・編集】

西塔香絵・渡部のり子（小峰書店）
常松心平・安福容子・中根会美（オフィス303）

【協力】

加藤雪音
岡村虹
加藤梨子
若松志歩
柴田さな
相本乃杏

キャリア教育に活きる！
仕事ファイル 3
ファッションの仕事

———————————————————————

2017年 4 月 5 日　第 1 刷発行
2021年12月10日　第 5 刷発行

編　著　小峰書店編集部
発行者　小峰広一郎
発行所　株式会社小峰書店
　　　　〒162-0066東京都新宿区市谷台町4-15
　　　　TEL 03-3357-3521　FAX 03-3357-1027
　　　　https://www.komineshoten.co.jp/
印　刷　株式会社精興社
製　本　株式会社松岳社

©Komineshoten
2017 Printed in Japan
NDC 366 44p 29×23cm
ISBN978-4-338-30903-5

乱丁・落丁本はお取り替えいたします。
本書の無断での複写（コピー）、上演、放送等の二次利用、翻案等は、著作権法上の例外を除き禁じられています。本書の電子データ化などの無断複製は著作権法上の例外を除き禁じられています。代行業者等の第三者による本書の電子的複製も認められておりません。